Investigaciones

Enfriar

Patricia Whitehouse

Traducción de
Paul Osborn

Heinemann Library
Chicago, Illinois

Customer Service 888-454-2279
Visit our website at www.heinemannlibrary.com

Designed by Sue Emerson, Heinemann Library; Page layout by Que-Net Media™
Printed and bound in China by South China Printing Company Limited.
Photo research by Heather Sabel, Heinemann Library

08 07 06 05 04
10 9 8 7 6 5 4 3 2 1

Library of Congress Cataloging-in-Publication Data
Whitehouse, Patricia, 1958-
  [Cooling. Spanish]
  Enfriar / Patricia Whitehouse.
      p. cm. -- (Investigations)
Includes index.
Summary: Presents simple experiments that demonstrate states of matter and what happens to various materials when they are cooled.
  ISBN 1-4034-5111-7 (HC), 1-4034-5116-8 (Pbk.)
  1. Cooling--Experiments--Juvenile literature. 2.
Matter--Properties--Juvenile literature. [1. Cooling--Experiments. 2.
Matter--Properties--Experiments. 3. Experiments. 4. Spanish language materials.] I. Title.

  QC331.W2518 2004
  536'.2--dc22

                          2003056824

Acknowledgments
The author and publishers are grateful to the following for permission to reproduce copyright material:
Cover photograph by Ed Bock/Corbis
pp. 4-13, 18-22, 24, back cover Robert Lifson/Heinemann Library; pp. 14, 15, 16, 17 Michael Newman/PhotoEdit; p. 23 (T-B) Michael Newman/PhotoEdit, Robert Lifson/Heinemann Library, Robert Lifson/Heinemann Library, Robert Lifson/Heinemann Library

Every effort has been made to contact copyright holders of any material reproduced in this book. Any omissions will be rectified in subsequent printings if notice is given to the publisher.

Special thanks to our bilingual
advisory panel for their help in the
preparation of this book:

Aurora Colón García
Literacy Specialist
Northside Independent School District
San Antonio, TX

Leah Radinsky
Bilingual Teacher
Inter-American Magnet School
Chicago, IL

Contenido

Unas palabras están en negrita, **así.**
Las encontrarás en el glosario en fotos de la página 23.

¿Qué es enfriar?

Enfriar es bajar la temperatura.

Algunos lugares sirven para enfriar.

Cuando algo se enfría, tiene una textura diferente.

O puede cambiar de forma.

¿Cómo cambian los líquidos cuando se enfrían?

Echa un poco de jugo en un molde para de cubos de hielo.

El jugo es un **líquido**.

Pon el jugo dentro del congelador.

¿Cómo cambia el jugo cuando se enfría?

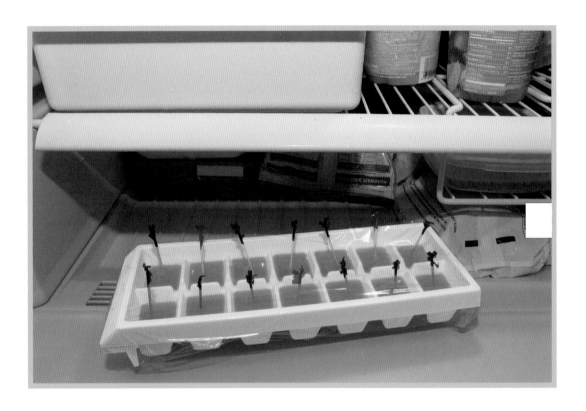

El congelador es un sitio frío.

El jugo se enfriará también.

Cuando el jugo se pone suficientemente frío, **se congela.**

Se convierte en un **sólido.**

¿Cómo cambian algunas cosas blandas cuando se enfrían?

Estas galletas acaban de salir de un horno caliente.

Están calientes y blandas.

Pon las galletas sobre la mesa.

¿Qué pasará con las galletas ahora?

¿Cómo cambian las galletas cuando se enfrían?

La mesa es más fría que el horno.

Las galletas se enfriarán también.

Mientras se enfrían, las galletas van endureciendo.

Ahora, están listas para comer.

¿Cómo cambian las cosas duras cuando se enfrían?

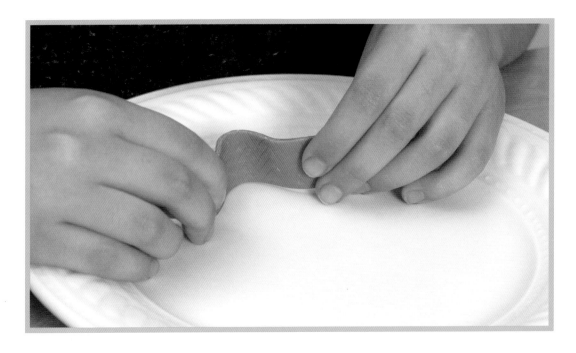

Este **chicle** es **sólido,** pero puede doblarse.

Pon el chicle en el refrigerador por algunas horas.

¿Qué pasa con el chicle?

¿Cómo cambia el chicle cuando se enfría?

El refrigerador es un sitio frío.

El chicle se enfriará también.

El chicle muy frío es **frágil**.

Se rompe.

¿Cómo cambia el aire cuando se enfría?

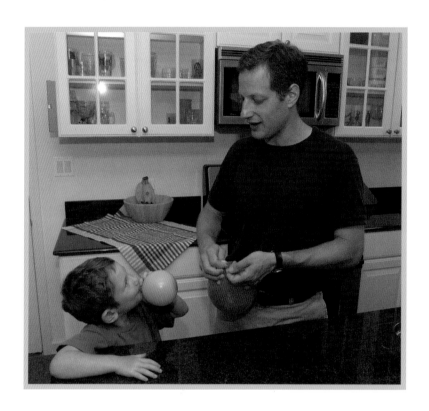

Infla dos globos hasta que tengan el mismo tamaño.

Después, átalos.

Pon un globo dentro del congelador por algunos días.

Deja el otro globo sobre la mesa.

¿Cómo cambia el globo cuando se enfría?

El congelador es un sitio frío.

El aire dentro del globo se enfría.

El aire frío ocupa menos espacio dentro del globo.

El globo se encoge.

¿Se encogió el globo que estaba sobre la mesa?

Prueba

¿Cuál de estos líquidos es el más frío?

¿Cómo lo sabes?

Busca la respuesta en la página 24.

Glosario en fotos

frágil
página 17
algo que se rompe fácilmente

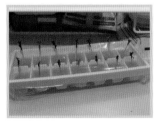
congelar
página 9
cambiar de líquido a sólido

líquido
página 6
sustancia que se puede vertir

sólido
páginas 9, 14
algo duro que tiene forma

Nota a padres y maestros

Leer para buscar información es un aspecto importante del desarrollo de la lectoescritura. El aprendizaje empieza con una pregunta. Si usted alienta a los niños a hacerse preguntas sobre el mundo que los rodea, los ayudará a verse como investigadores. Cada capítulo de este libro empieza con una pregunta. Lean la pregunta juntos, miren las fotos y traten de contestar la pregunta. Después, lean y comprueben si sus predicciones son correctas. Piensen en otras preguntas sobre el tema y comenten dónde pueden buscar la respuesta. Ayude a los niños a usar el glosario en fotos y el índice para practicar nuevas destrezas de vocabulario y de investigación.

¡PRECAUCIÓN!
Todo los experimentos se deben hacer con el permiso y la ayuda de un adulto.

Índice

Respuesta a la prueba

Los cubos de hielo son más fríos. Están congelados.

24